Gespräche auf dem Weg

nach Santiago de Compostela

Widmung:

Allen Menschen, die sich auf die Suche nach sich selbst und dem Geheimnis des Lebens begeben.

Peter Wandler

Gespräche auf dem Weg nach Santiago de Compostela

Bibliografische Information der Deutschen Nationalbibliothek:
Die Deutsche Nationalbibliothek verzeichnet diese Publikation in
der Deutschen Nationalbibliografie; detaillierte bibliografische Daten sind im Internet über http://dnb.dnb.de abrufbar.

© 2016 Peter Wandler
Umschlagsgestaltung Heiko Kratz Mediendesgin, Freiburg
Umschlagsbild Peter Thiel
Herstellung und Verlag: BoD- Books on Demand, Norderstedt

ISBN: 978-3-741281761

Vorwort

Die Geschichte in diesem Buch beschreibt die Erlebnisse von Tom, der sich auf den Weg macht, die Kathedrale von Santiago de Compostela zu erreichen. Auf seinem Pilgerweg, der auch als Jacobs Weg bekannt ist, begegnet er weiteren Menschen. Sie alle haben sich, genauso wie er, aufgemacht, dieses Ziel zu erreichen. Aber was treibt ihn und die anderen Pilger an? Was suchen oder erwarten sie? Ist vielleicht bereits der Weg das Ziel? In diesem Buch werden Sie eine kleine Auswahl von 7 Gesprächen finden, die Tom während seiner Pilgerreise mit Menschen geführt hat. Und da wo es notwendig sein wird, wird auch die Umgebung mit in die Gesprächsaufzeichnungen einbezogen. Es geht primär nicht um einen Reisebericht seiner Pilgerreise, es geht um die Suche nach der Wahrheit, die hinter allem liegt, die wir aber oft nicht erkennen wollen oder können.

Inhalt

Vorwort (Seite 1)

Einleitung (Seite 3)

Etappe von Roncesvalles nach Pamplona
(1 Gespräch, Seite 4)

Etappe von Estella nach Los Arcos
(2 Gespräch, Seite 6)

Etappe von Calzadilla de la Cueza nach Calzada del Coto
(3 Gespräch, Seite 12)

Etappe von Mansilla de las Mulas nach Leon
(4 Gespräch, Seite 17)

Etappe von Villar de Mazarife nach Astorga
(5 Gespräch, Seite 24)

Etappe von Villafranca del Bierzo nach O Cebreiro
(6 Gespräch, Seite 29)

Etappe von Santa Irene nach Santiago de Compostela
(7 Gespräch, Seite 32)

Nachwort (Seite 35)

Einleitung

Nun hatte Tom gerade die spanische Grenze überquert. Der Zug sollte ihn noch nach Roncesvalles, den Anfang des Navarischen Weges bringen. Von dort waren es noch rund 800 km bis Santiago de Compostela. Diese Wegstrecke lag nun vor ihm, als er mit seinem Rucksack den Zug verließ. Jetzt im Frühjahr schien die Sonne noch nicht so stark. Es waren angenehme 16 Grad, die eine Wanderung recht gut ermöglichen sollten. Er hatte sich das Ziel gesetzt, zu Fuß Santiago zu erreichen. Was er dort wirklich erwartete, wusste er selbst nicht. Aber irgendetwas hatte ihn veranlasst, diese Reise auf sich zu nehmen.

Nach seinem Studium war er nun seit gut zwei Jahren bei einem großen IT Unternehmen beschäftigt. Das war auch der Grund, dass er ausreichend Urlaub für seine Pilgerreise bekommen hatte. Denn mit seinen vielen geleisteten Überstunden und seinem Jahresurlaub konnte er seine Reise in gut 6 Wochen schaffen. Das bedeutete für ihn, dass er im Schnitt 25 – 30 km der Wegstrecke am Tag bewältigen sollte. Den Rückweg von Santiago nach Deutschland wollte er dann nochmals mit der Eisenbahn unternehmen. Seine Kollegen hatten ihn belächelt, als er ihnen von seinem Vorhaben erzählte. Es war eine Mischung von Unverständnis und Überheblichkeit gewesen, die ihm entgegengebracht worden war. Gerade Menschen, die ihren Verstand in den Mittelpunkt ihres Lebens gestellt hatten, sahen nur Notwendigkeiten irgendetwas zu tun oder nicht zu tun, wenn es einen Sinn für sie hatte. Und sich die Füße wund zu laufen, um einen Weg von gut 800 km hinter sich zu bringen, war für sie erst recht nicht Sinn bringend. Und mit Glauben an einem Ursprung oder Gott konnten sie nichts anfangen. Sicherlich lag auch ein Grund in der Ablehnung für Toms Vorhaben darin, dass ihm selbst nicht klar war, warum er diese Reise machen wollte. Es war für ihn ein innerer Drang, den er mit seinem sonst so hilfreichen Verstand nicht erklären konnte. Tom bezeichnete sich selbst nicht als gläubig. Jedenfalls aus kirchlicher Sicht. Für ihn stand es fest, dass es etwas gab, das seinem Leben auf diesem Planeten eine Aufgabe und somit einen Sinn gab. Es war für ihn eher so eine Empfindung, der er nachgehen wollte. Für heute, den Tag seiner Ankunft, suchte er sich eine recht einfache Unterkunft. Danach schaute er sich die Stadt noch ein wenig an und ging früh zu Bett.

Etappe von Roncesvalles nach Pamplona (1 Gespräch)

Seine wirkliche Reise nach Santiago begann am folgenden Morgen. Um 7:30 Uhr saß er am Frühstückstisch seiner Herberge und sah von der Terrasse aus auf einen strahlend blauen Himmel. Die warmen Sonnenstrahlen spürte er auf seiner Haut. Was ihn wohl auf seiner Reise erwarten würde? Er war neugierig und gespannt gleichermaßen. Nach dem Frühstück bezahlte er und machte sich auf den Weg. Hilfreich für ihn und sein Vorhaben waren natürlich auch die immer wiederkehrenden Wegweiser in Form einer Jakobsmuschel oder gelber Pfeile. So musste er erst gar nicht auf seine Landkarte schauen. Nach einigen Stunden der Wanderung, die er allein verbracht hatte, sah er vor sich eine kleine Wandergruppe. Tom erhöhte leicht sein Tempo und hatte recht schnell den ersten Nachzügler der Gruppe eingeholt.

„Guten Morgen", grüßte Tom. Er hatte gerade eine Frau im Alter von ca. 40 Jahren, die am Ende der Gruppe lief, eingeholt. Sie ächzte etwas, was wohl der Last ihrem Rucksack geschuldet war. „Guten Morgen", antwortete sie leise zurück. „Kann ich Ihnen helfen?

Kann ich Ihnen vielleicht Ihren Rucksack ein Stück abnehmen." "Wenn Sie das tun könnten für einen Teil des Weges nach Larrasoana, dann wäre ich Ihnen sehr dankbar." Da Tom gewohnt war auch an Marathonläufen teilzunehmen, war er den meisten anderen Pilgern sportlich und somit körperlich weit überlegen. Also nahm er den Rucksack, schnallte ihn auf seiner Brust fest und lief darauf mit zwei Rucksäcken weiter. Erleichtert und froh stellte sich seine neue Bekanntschaft vor. „Mein Name ist Maria, ich bin zum ersten Mal auf Pilgerschaft. Und ich habe mich wohl etwas übernommen." „Wandern Sie denn nicht mit den anderen Menschen vor uns?" „Nein, ich bin allein unterwegs. Diese anderen Pilger vor uns kommen aus Frankreich. Und da ich nicht Französisch spreche, ist es mit der Verständigung nicht so einfach für mich." Auch Tom stellte sich nun kurz vor. „Was mich sehr interessieren würde ist der Grund, warum Sie sich auf diese Pilgerschaft begeben haben." "Eine gute Frage, Tom. Genaugenommen suche ich Gott und vielleicht auch Menschen, die sich auf der gleichen Suche befinden. Und nur in meiner Heimatstadt Wiesbaden am Sonntag in die Kirche zu gehen reicht mir einfach nicht aus. Irgendetwas fehlt mir und ich kann noch nicht mal sagen, was mir fehlt. Ich sehe in den Predigten kein persönliches Weiterkommen. Es sind für mich nur Worte, die sicherlich in sich auch stimmig sind, aber mich nicht wirklich ansprechen. Vielleicht könnte man es auch so beschreiben, dass ich nicht nur etwas glauben will, sondern Gott auch selbst erfahren will. Ja, ich glaube das bringt es am besten auf den Punkt." Tom überlegte: Bei ihm war es auch etwas was ihn antrieb, diesen Weg zu gehen. Aber mit Religion hatte er sich bisher nie beschäftigt. Seine Eltern hatten ihn eher kirchenfern erzogen. Und auch an eine Taufe von ihm war nie gedacht wurden. Er war eher auf der Suche nach dem Ursprung der Welt und dem Sinn des Lebens. Denn dass sich das Leben aus Zufall auf diesem Planeten entwickelt hatte, hielt er für sehr unwahrscheinlich. Und diese Gedanken teilte er Maria mit.

„Tom, ob Du nun an einen Gott glaubst oder nicht, Du bist genauso wie ich auf dieser Pilgerschaft. Und wahrscheinlich ist es der gleiche Grund, der uns beide antreibt, diesen Weg zu beschreiten. Dass Du nicht getauft wurdest, solltest Du anderen vielleicht nicht so offen mitteilen. Viele Christen sehen das als Makel an." „Aber Maria, normalerweise wird man im Kindesalter getauft, und wenn die Eltern das nicht wollen, dann kann man doch einem Kind keinen Vorwurf machen. Aus meiner Sicht ist es auch eher eine symbolische Handlung. Wie viele sogenannte Christen mag es geben, die getauft wurden und heute gerade nicht nach christlichen oder religiösen Maßstäben leben." „Du, ich sehe das genauso. Es sollte auch nur ein Hinweis für Dich sein. Durch die Taufe soll ein Mensch eine Bindung an das Christentum erhalten. Genaugenommen sind Menschen, ob sie nun getauft wurden oder nicht, auf ihrer ganz persönlichen Suche. Und sicherlich auch auf diesem Pilgerweg immer wieder anzutreffen". Und so unterhielten sich die beiden eine Zeit lang über eine Vielzahl weiterer Themen. In Larrasoana tranken und aßen sie noch gemeinsam. Dort verabschiedeten sie sich voneinander. Und Tom machte sich wieder allein auf seinen Weg. Er hatte durch die langen Gespräche mit Maria, die mit einem geringen Tempo als er voranschritt, keine wirklich große Strecke hinter sich gebracht. Und so musste er sich beeilen, nun doch noch sein Tagesziel zu erreichen. Er wollte heute noch in Pamplona ankommen.

Etappe von Estella nach Los Arcos
(2 Gespräch)

Nach dem Frühstück bezahlte Tom seine nächtliche Herberge. Er wollte an diesem Morgen noch ein ehemaliges Benediktinerkloster besuchen. Es war das Kloster Santa Maria la Real de Irache, das direkt am Jakobsweg lag. Und so machte er sich auf, dieses alte

Bauwerk zu besichtigen mit seiner alten, dazugehörigen romanischen Klosterkirche. Er öffnete eine alte schwere Türe und trat ein. Es war eine recht helle und langläufige Klosterkirche, in die er blickte. Tom schaute sich um. Vor sich sah er einige Sitzreihen, wie sie auch in anderen Kirchen vorkamen. Und in einer der vorderen Reihen nahm er Platz. Weiter links von ihm saß bereits eine Person. Ansonsten hatte sich wohl kein weiterer Pilger heute Morgen hier eingefunden. Sein Hauptaugenmerk fiel auf den Schrein, der sich in der Mitte des Raumes befand. In Gedanken beschäftigte er sich mit dem Gespräch, das er auf seiner ersten Etappe mit Maria geführt hatte. Sie war auf der Suche nach Gott unterwegs. Und wenn möglich, erhoffte sie sich auch eine Gotteserfahrung während ihrer Pilgerschaft zu erleben. Und das Gleiche galt wohl auch für die Gläubigen, wenn sie eine Kirche aufsuchten. Ob nun der Grund in einer Predigt lag oder sie sich einfach zur Ruhe hierin zurückzogen, das war bei allen scheinbar gleich. Wenn diese Welt von einem Gott erschaffen worden war, dann könnte er sich doch überall aufhalten. Musste man dann noch diesen beschwerlichen Weg auf sich nehmen? Gab es vielleicht noch eine andere Möglichkeit außerhalb von Pilgerwegen?

Tom schaute auf seine Armbanduhr. Nun saß er bereits 15 Minuten hier und das sollte auch reichen. Er ging zur Tür, öffnete sie und trat wieder ins Freie. Der Mann, den er eben noch vor sich in der Klosterkirche sitzen gesehen hatte, kam nun ebenfalls aus der Kapelle. Er sprach ihn an: „Als Sie eben in der Kirche zu Ruhe gekommen sind, haben Sie da etwas wahrgenommen?", fragte der Unbekannte. „Ich habe Sie weiter vorne sitzen sehen." „Das meine ich nicht. Haben Sie irgendetwas anderes wahrgenommen?" „Eigentlich nicht", antwortete Tom. "Es war eine große Ruhe und Stille in der Kirche, aber das meinen Sie sicherlich nicht, oder?" „Nein, das meine ich nicht. Wenn Sie wirklich zur Ruhe gekommen sind, und das können Sie selbst an Ihrem Atem feststellen, dann geben Sie Ihrem göttlichen Kern, der in Ihnen wohnt, die Möglichkeit, mit Ihnen in Kontakt zu treten." „Aber woher wollen Sie denn wissen, dass in mir, wie nannten Sie es - ein göttlicher Kern - vorhanden ist?" „Das zu wissen ist gar nicht so schwierig, denn kein Mensch würde über diese Welt wandern, wenn es nicht so wäre. Und vielleicht hat dieser göttliche Kern bereits zu Ihnen gesprochen oder sich durch Gedanken, Träume oder bestimmter Erlebnisse bemerkbar gemacht. Die Menschen sprechen oft in diesem Zusammenhang von Intuition. Also eine Idee oder einen Einfall zu haben, etwas Bestimmtes zu tun oder nicht zu tun.

Warum haben Sie sich denn heute auf den Weg gemacht um dieses Kloster zu besuchen?" „Das weiß ich selbst nicht so richtig", antwortete Tom. "Für mich ist es richtig das zu tun, aber begründen kann ich es beim besten Willen nicht." „Sie haben also bereits festgestellt, dass nicht alles, was sie empfinden, über ihren Verstand erklärt werden kann. Ich möchte Ihnen einen Weg zeigen, wie Sie es schaffen können, ganz bewusst den Kontakt mit sich selbst aufzunehmen. Dazu bedarf es Ihres Willens und etwas Ausdauer. Hätten Sie Lust, das einmal auszuprobieren oder müssen Sie jetzt sofort wieder los, um noch heute ihr nächstes Etappenziel zu schaffen?"

Tom überlegte nur kurz. „Natürlich habe ich noch Zeit", antwortete er. „Wie lange soll das denn dauern, was Sie mir zeigen wollen?" „An und für sich nur wenige Minuten. Setzen Sie sich dort vorne auf die Bank. Ihren Rucksack können Sie neben sich stellen. Und keine Angst, ich bin kein Wegelagerer, der Ihnen irgendetwas wegnehmen will. Prägen Sie sich den Ablauf, den ich ihnen gleich sagen werde, gut ein. Am besten sollten Sie zur Gedächtnishilfe diese Übung aufschreiben. Sie sollten diese täglich wiederholen. Und erwarten Sie nichts. Machen Sie diese Übung einfach weiter. Sie wird Ihnen helfen, ein bewussteres Leben zu leben. Und nun befolgen Sie am besten meine Anweisungen:

Beobachten Sie zuerst Ihren Atem. Atmen Sie ruhig oder atmen Sie zurzeit schnell? Wichtig ist es, dass Sie zur Ruhe kommen. Wenn Sie wirklich ruhig sind, dann wird sich Ihr Atem ebenso verhalten. Das sollte für Sie ein wichtiges Merkmal sein.

Tom atmetete ganz ruhig. "So ist es richtig", sagte der Unbekannte, "dann können wir mit der eigentlichen Meditationsübung beginnen:

Setzen Sie sich gerade auf die Bank. Ihre Füße, mit oder ohne Schuhe, haben direkten Kontakt mit der Erde bzw. dem Boden. Ihr Rücken sollte gerade aufgerichtet sein und Ihre Hände liegen nach oben geöffnet auf Ihren Oberschenkeln".

Tom machte alles, was von ihm verlangt wurde.

Lehnen Sie sich nicht an. Bleiben Sie gerade sitzen, auch wenn sie später diese Übung auf einem Stuhl ausüben sollten.

Und nun schließen Sie die Augen. Gehen Sie im Bewusstsein von Ihren Augen zum Anfang Ihrer Wirbelsäule. Von dort gehen Sie jeden einzelnen Wirbel Ihrer Wirbelsäule langsam herunter, bis Sie das Ende erreicht haben. Das Ende wird auch als Steißbein bezeichnet. Lassen Sie sich für diesen Weg Zeit und gehen Sie achtsam diesen Weg".

Tom begab sich auf seine Reise. Langsam ging er Wirbel für Wirbel seine Wirbelsäule hinab.

"Wenn Sie am Steißbein angekommen sind, dann lassen Sie sich mit Ihrem Bewusstsein in Ihr Hüftbecken fallen. Und

dort bleiben Sie".

Tom hatte alle Schritte durchgeführt und war in seinem Becken angekommen.

"Was empfinden Sie? Nehmen Sie alle Eindrücke wahr, ohne Wertung. Hier können Sie SEIN. Sie müssen nichts erreichen oder tun. Sie sind einfach nur. Sie befinden sich in einem geschützten Bereich.

Vielleicht steigen einige Gedanken in Ihnen auf. Nehmen Sie diese und setzen Sie sie in Ihrer Vorstellung auf eine Wolke. Und senden Sie die Wolke in Ihrer Vorstellung weg".

Tom hatte natürlich viele Gedanken. Und gerade jetzt viele, die in Zusammenhang mit seinem Gesprächspartner standen.

"Erwarten Sie nichts. Eine Erwartungshaltung kann sehr störend wirken. Beobachten sie einfach"

Und wieder nach einiger Zeit hörte er: von dem Unbekannten:

"Den Rückweg beginnen Sie von Ihrem Becken aus und dort wieder zum Steißbein. Von dort gehen Sie achtsam in Ihrem Tempo die Wirbelsäule, Wirbel um Wirbel, wieder hinauf. Am Anfang der Wirbelsäule angelangt gehen Sie mit Ihrem Bewusstsein wieder zu Ihren Augen und öffnen Sie diese. Und nun danken Sie, ob Sie etwas erlebt haben oder auch nicht. Wichtig ist, dass Sie danken und zwar dem, den Sie als das Höchste im Universum ansehen".

Tom machte alle Schritte, wie sie ihm gesagt wurden und öffnete wieder seine Augen. Als er sich umschaute, war der Mann verschwunden. Und auch die Zeit, die mittlerweile vergangen war, war nun doch länger gewesen, als er sich erlaubt hätte. Aus den wenigen angedachten Minuten waren nun 25 Minuten geworden. Trotzdem wollte er heute noch sein Tagespensum erreichen. Also machte er sich schnell wieder auf seine Wanderung. Warum der Mann plötzlich verschwunden war, konnte sich Tom nicht erklären. Jedenfalls wollte er am Abend, wenn er eine Unterkunft in Los Arcos gefunden hatte, die Übung aufzuschreiben und auch nochmals durchführen.

Nun war er schon einige Tage unterwegs und in dieser Zeit vielen weiteren Pilgern begegnet. Wenn er Interesse an einem Gespräch hatte, dann passte er sich gerne dem Schritttempo seines Gesprächspartners an. Wollte er seine Ruhe haben, konnte er jederzeit das Schritttempo wieder erhöhen. Die Übung von dem Unbekannten aus dem Kloster in Irache hatte er, wie geplant, am selben Abend aufgeschrieben und bisher jeden Tag mehrfach durchgeführt. Dazu fand er immer wieder die Möglichkeit, sich an Raststellen die wenigen Minuten Zeit zu nehmen, die dafür notwendig waren. Oftmals waren es nur an die 5 Minuten gewesen. Jedenfalls empfand er, dass es für ihn richtig war, die Übung durchzuführen, auch wenn ihm der Sinn bisher nicht so richtig klar geworden war. Aber was hatte er schon zu verlieren? Er war von einer Suche erfasst, die ihm in dem Gespräch mit Maria vor einigen Tagen sehr bewusst geworden war. Die Suche nach dem Ursprung der Welt war letztlich auch eine Suche nach einem Schöpfer. Und als Schöpfer bezeichneten die Christen Gott. Und während seiner Pilgerschaft war ihm noch etwas anderes klar geworden. Er stand seit seiner Kindheit unter einen fortwährenden Druck. Immer gab es für ihn etwas zu erreichen. Und meistens waren es andere Menschen gewesen, die von ihm gute und später immer noch bessere Leistungen gefordert hatten. Seine Eltern hatten bereits in den ersten Schuljahren damit begonnen, ihn, Tom, auf Leistung zu trainieren. Gute Schulnoten waren aus diesem Grund zwingend notwendig für ihn gewesen. Seinen Eltern konnte er natürlich keinen Vorwurf machen, denn aus ihrer Sicht wollten sie nur das Beste für ihren Sohn. Und auch in seinem Studium und bei seinem Arbeitgeber bestand dieser Leistungsdruck weiter. Dann hatte Tom mit Marathonläufen angefangen. Auch hier wiederholte er das erworbene Muster, immer der Beste oder mindestens einer der Besten zu sein. Nur in diesem Fall war er selbst der Auslöser für diesen Druck. Scheinbar ging es im Leben darum ein Gewinner zu sein. Und war man ein Gewinner, dann bekam man die gewünschte Anerkennung von anderen Menschen. Das bedeutete natürlich auch eine Abhängigkeit. Ohne Leistung keine Anerkennung und umgekehrt. War vielleicht seine Suche auch die Suche danach nur zu sein, ohne etwas Bestimmtes erfüllen zu müssen? Jedenfalls schien dieser Pilgerweg mit seiner Person in irgendeinem Zusammenhang zu stehen.

Etappe von Calzadilla de la Cueza nach Calzada del Coto (3 Gespräch)

Die Nacht unter freien Himmel in einem Schlafsack zu verbringen kannte er noch aus seiner Jugendzeit. Es hatte etwas Besonderes, durch die ersten Sonnenstrahlen am Waldrand geweckt zu werden. Tom hatte auch mit dem Wetter recht viel Glück gehabt. Größere Regenmengen waren bisher nicht gefallen. Auch in der vergangenen Nacht war es trocken geblieben. Jedoch lag der Morgentau über den Wiesen, der auch vor seinem Schlafsack nicht haltgemacht hatte. Er hatte er das Gefühl, dass seine Kleidung und Schuhe etwas klamm waren, als er sich für die weitere Wanderung anzog. Er machte sich recht schnell auf, um dann im nächsten Ort erst einmal in Ruhe zu frühstücken. Als er wieder den Pilgerweg erreicht hatte, sah er bald ein Hinweisschild mit dem Namen Calzadilla de la Cueza. Wenn er gestern bereits gewusst hätte, nur noch wenige km von diesem Ort entfernt zu sein, hätte er natürlich ein Bett und eine Dusche seinem Lager am Waldrand vorgezogen. Doch wäre er dann auch von den ersten Sonnenstrahlen des Tages geweckt worden? Gut 10 Minuten später erreichte er den Ortseingang und entdeckte eine kleine Herberge, die in einer Seitenstraße lag. Der Kaffeegeruch hatte ihn zusätzlich in diese Richtung geführt. Nach einer kurzen Verständigung in Englisch konnte Tom an einem bereits gedeckten Frühstückstisch mit einem frischen Strauß Rosen Platz nehmen. Recht schnell kam eine freundliche Herbergsmutter mit einem weiteren Gedeck. Sie stellte noch Marmelade und ein Körbchen mit frischem Weißbrot dazu. Die Rosen verströmten einen wundervollen süßen und schweren Duft. Tom dachte daran, dass es in der Natur eine unzählige Anzahl von Düften gab, die er als Stadtmensch noch nie wahrgenommen hatte, und dieser Rosenduft gehörte mit dazu. Er freute sich darüber, nach der etwas unfreiwilligen Übernachtung in der Natur nun an einem solchen schönen Tisch zu sitzen. Da er an diesem Morgen wohl nicht allein frühstücken sollte, gesellte sich ein weiterer Herbergsgast zu ihm. Es war eine Frau, die im Rollstuhl saß und etwa um die 30 Jahre alt sein musste. Tom war sehr überrascht, denn auf solch einer Pilgerstrecke hätte er nicht vermutet, dass auch jemand in einem Rollstuhl unterwegs sein könnte. Als sie den Platz am Tisch eingenommen hatte, stellte er sich kurz vor. „Guten Morgen, ich heiße Tom und bin gerade erst angekommen." Er schaute in ein sehr aufgeschlossenes Gesicht und scheinbar ging auch eine gewisse Weisheit von dieser Frau aus. Doch zu erklären vermochte Tom diese Empfindung nicht. Sie stellte sich als Sandra aus Freiburg vor. „Bist Du auch auf Pilgerschaft?", fragte Tom? "Ja und nein, genaugenommen fahre ich jedes Jahr ein Stück des Pilgerweges nach Santiago, aber in meinem Tempo. Ich bin dabei, mein Leben weiter zu entschleunigen, also mir wirklich Zeit zu lassen. Denn das bietet mir auch die Möglichkeit die Menschen, die ich treffe und die

Natur wirklich wahrzunehmen." „Aber wann willst Du denn in Santiago ankommen?" "Wenn es nach meinem Plan läuft, dann in drei Jahren. Aber ich kehre natürlich zwischendurch immer wieder nach Freiburg zurück." „Und Du, wann willst Du ankommen?" "So schnell wie möglich." „Und warum lässt Du Dir nicht mehr Zeit?" „Urlaub habe ich zwar ausreichend, jedoch habe ich in meinem Leben immer gelernt, meine Ziele schnellstmöglich zu erreichen. Mein letztes großes Ziel war mein Studium und meine Diplomarbeit. Und ich habe es geschafft, in der Regelstudienzeit auch noch meine Diplomarbeit als Jahrgangsbester abzuschließen." „Ich merke, dass Du eine starke Willenskraft hast und Dich gerne auf Deinen Verstand verlässt. Genau genommen läufst Du aber immer der Zeit hinterher, so wie es die meisten Menschen tun. Aus meiner Sicht übersiehst Du dabei, dass das Leben aus mehr besteht. Auch wenn es für Dich eine innere Befriedigung bedeutet erfolgreich zu sein. Denn ob Du nun heute oder in einem Jahr in Santiago ankommst, spielt eigentlich nur für Dein Ego eine Rolle. Seine Ziele zu verfolgen ist sicherlich richtig - aber dann in einer Zeit, die wirklich angemessen ist. Leider vergessen die meisten Menschen bei aller Eile und Stress dabei auch ihre Wahrnehmung. Die Wahrnehmung ihrer Umgebung, der Menschen und damit der Welt. Und diese Wahrnehmung stellt aus meiner Sicht einen wesentlichen Bestandteil des menschlichen Lebens dar." „So habe ich das noch gar nicht gesehen", antwortete Tom. „Aber wie ist es denn dann in Deinem Leben? Benötigst Du immer so viel Zeit, wie es gerade für dich richtig ist? Was machst Du denn beruflich?" „Also ich bin als freie Grafikerin tätig. Und bei dieser Arbeit habe ich die Möglichkeit, mir ausreichend Zeit zu nehmen. Es gibt sicherlich auch Aufträge von meinen Kunden, die sehr schnell bearbeitet werden müssen. Dann ist es in diesem Fall ebenso, aber eben nicht bei allen Aufträgen. Es kommt auch schon vor, dass ich an einem Tag bis Mitternacht arbeite, an einem anderen diese Zeit wieder mit mehr Freizeit ausgleiche. Dieser Arbeitsrhythmus entspricht auch am besten meiner Persönlichkeit." „Glaubst Du denn auch, dass es Menschen gibt, die einen anderen Arbeitsrhythmus haben?" „Ja schon, so lange das eigene Leben auch noch gelebt werden kann. Aber seinen Arbeitsplatz nur noch als Lebensaufgabe zu sehen und darüber hinaus alles andere zu vergessen, das wäre sicherlich falsch. Die grundsätzliche Frage, die sich ein Mensch stellen sollte, ist die nach dem Sinn des eigenen Lebens. Und die Menschen, die den Sinn des Lebens nur in ihrer Arbeit, ihrem Status oder ihrem Besitz sehen, sind die eigentlichen Verlierer des Lebens. Denn sie werden immer der Zeit hinterher laufen und alle Möglichkeiten ausschöpfen, ihr Leben weiter zu beschleunigen. Und erst wenn sie dann erkranken, aufgrund ihres bisherigen Lebens, könnten sie nachdenklicher werden. Einige werden etwas verändern, andere werden so weiter machen wie bisher. Nur, um die eigene Gesundheit wiederherzustellen, wird es für sie keine Möglichkeit mehr geben. Wenn der Lebenssinn vom menschlichen Verstand vorgegeben wird, dann wird es immer schwierig bleiben, den eigentlichen Sinn und seine Aufgabe im Leben zu finden." „Das leuchtet mir alles ein, was Du gesagt hast. Aber wie hast Du denn ganz persönlich Deinen Sinn des Lebens herausgefunden?" "Das war nach meinem Unfall, Tom. Vor meinem Unfall hatte ich noch nicht diesen Rollstuhl. Jedoch konnte ich im Krankenhaus nicht mehr vor mir selbst weglaufen. Ich bin sehr nachdenklich geworden. Besonders der Sinn meines Lebens oder besser gesagt meines neuen Lebens beschäftigte mich sehr. Während der Zeit im Krankenhaus habe ich einen sehr persönlichen Traum gehabt. Denn in diesem Traum hat mir eine Gestalt in einem weißen Gewand gezeigt, welche Veranlagungen ich habe. Von diesen Veranlagungen habe ich in meinem früheren Leben nichts geahnt oder gewusst. Nach meiner Reha habe ich dann Grafikdesign studiert. Und seit gut 6 Jahren bin ich mit meiner eigenen Agentur am Markt und kann gut davon leben." Tom war beeindruckt. „Dann hast Du ja schon eine Menge in Deinem Leben erlebt. Und ich finde es sehr beachtenswert, wie Du dein Leben lebst." „Wenn ein Mensch seine wirkliche Begabung lebt, zum Beispiel durch seinen Beruf, dann kann er gar nicht anders, als erfolgreich zu sein. Natürlich besteht immer die Gefahr, dass man über kurz oder lang sich überarbeitet. Wenn man hier aber aufpasst, dann lebt man ein Leben im Einklang, im Einklang mit der Schöpfung. Denn ich bin der festen Ansicht, dass jeder Mensch seinen Platz auf der Welt hat. Er muss nur danach suchen. Und die Suche nach sich selbst ist gleichzeitig die Suche nach Gott."

Tom verabschiedete sich nach dem Frühstück von Sandra und machte sich weiter auf seine Wanderung. Ihm war es ganz recht wieder allein zu sein. Doch auch dieses Gespräch beschäftigte ihn noch eine ganze Weile. Irgendwie hatte seine letzte Gesprächspartnerin schon Recht. Es war die Zeit, die scheinbar unaufhörlich weiter lief. Und er bzw. die Menschen eilten dieser Zeit hinterher, ohne die Chance zu haben, diese auch einzuholen. Es war die Vorstellung, möglichst viel in kurzer Zeit erledigen zu müssen. Und mit dieser Vorstellung war er bereits aufgewachsen. In seinem Unternehmen hatten die Kunden auch wenig Zeit und wollten ihre Aufträge schnellstens erledigt wissen. So geriet er immer wieder unter zeitlichen Druck. Hinzu kam für ihn auch noch der Druck, seine Leistung fehlerfrei in kurzer Zeit zu erbringen. Und das setzte ihn somit mehrfach unter Druck. Daraus resultierte dann Stress. Diesem Stress über längere Zeit ausgesetzt, hatte bei einigen seiner Kollegen bereits zum Burnout geführt.

Wenn Sandra also Recht hatte, dann lag sicherlich auch ein Grund darin, dass es an Zeit fehlte, sein ganz persönliches Leben zu leben. Auch die Wahrnehmung für sich selbst und seine eigenen Bedürfnisse ging in solch einem Leben verloren. Die Lösung lag vielleicht darin, ein ausgeglichenes Verhältnis zwischen Arbeit und privatem Leben und Erleben zu finden. Doch hatte auch er, Tom, seine wirkliche Lebensaufgabe gefunden? Wenn er ehrlich zu sich war, dann war er sich nicht wirklich sicher. Natürlich hatte er Talent, sich in mathematische Gesetzmäßigkeiten oder Programmiersprachen schnell einzuarbeiten. Selbstverständlich waren Spaß und Freude zwei weitere gute Maßstäbe für die eigene berufliche Arbeit. Aber verfügte er als Mensch nicht über viel mehr Talente? Und wie sollte er herausbekommen, was er in sich noch nicht entdeckt hatte? Vielleicht erfuhr ein Mensch durch sein gelebtes Leben mehr über sich wenn er achtsam blieb. Das hatte also wiederum mit der eigenen Wahrnehmung zu tun. Auch hierbei schien die Aussage von Sandra richtig zu sein, dass die Wahrnehmung im Leben eines Menschen sehr wichtig war. Sie selbst hatte diese Wahrnehmung als einen wichtigen Sinn im Leben angesehen.

Etappe von Mansilla de las Mulas nach Leon (4 Gespräch)

Heute Morgen war Tom schon recht früh aufgebrochen. Da es in den letzten Tagen immer wärmer geworden war, wollte er in den kühleren Morgenstunden den Hauptteil seiner heutigen Etappe zurücklegen. Insgesamt hatte er nun mehr als die Hälfte der Strecke nach Santiago hinter sich gelassen. Für diesen Tag hatte er vor, die eher kurze Strecke von 18 km nach Leon zu wandern. Er hatte von anderen Pilgern gehört, dass die Kathedrale von Leon sehr sehenswert sein sollte. Und das war auch sein heutiges Ziel. Mittlerweile hatte Tom Gefallen an den kleinen und großen Kirchbauwerken gefunden, die in der Nähe der Pilgerstrecke lagen und auf Besucher warteten. Immer wieder war es für ihn ein Eintauchen in eine längst vergangene Zeit wenn er die Türe dieser Bauwerke öffnete. Unzählige Künstler alter Zeiten hatten ihre Arbeit meisterhaft erstellt. Besonders die Detailtreue hatte es Tom angetan.

Und auf einmal sah er sie schon von weitem, die Kathedrale von Leon. Ihr Baustil wurde der Gotik zugeschrieben. Tom fand das gesamte Bauwerk recht imposant. Nachdem er das Kirchenschiff angeschaut hatte, begab er sich auf den im Innenbereich liegenden Kreuzgang. Irgendwie kam ihm der Mann bekannt vor, der direkt auf ihn zukam. Tom erinnerte sich recht schnell an sein Erlebnis im Kloster Santa Maria. Er war der Mann, der ihm die Meditationsübung beigebracht hatte und nachdem er diese beendet hatte, verschwunden war. „Da sind Sie ja wieder," sagte der Mann. „Haben Sie die Übung in den letzten Tagen nochmals wiederholt?" „Ja, schon. An manchen Tagen sogar dreimal und an einigen wenigen Tagen nur einmal. Je nachdem ob ich Ruhe dazu hatte. Aber sagen Sie mal, wer sind Sie? Und warum waren Sie damals in Irache so schnell verschwunden?" „Kommen Sie, lassen Sie uns hier in einer der hinteren Reihen Platz nehmen. Wer ich bin oder was ich bin, ist nicht so wichtig. Ich nehme eine Aufgabe wahr, Menschen auf ihrem Weg zu unterstützen. Und mit Weg ist nicht der Weg nach Santiago gemeint. Den Weg, den ich meine, ist der Weg zu Gott und vom Glauben zum Wissen zu kommen. Sie glauben zurzeit nicht an einen personifizierten Gott, jedoch an etwas, das Ihrem Verstand zurzeit erhebliche Schwierigkeiten bereitet. Sie können das alles mit Ihrer Vorstellungskraft nicht erfassen. Und wäre ich nach der Übung noch bei Ihnen geblieben, dann hätten Sie jede Menge Fragen an mich gerichtet. Ihr Verstand verlangt nach Nahrung. Und jede Frage, die von mir beantwortet worden wäre, hätte gleich weitere Fragen nach sich gezogen." Tom schaute seinen geheimnisvollen Gesprächspartner an. „Warum haben Sie denn ausgerechnet mich dort angesprochen und mir diese Übung erklärt? Und welchen Nutzen haben Sie davon, wildfremde Menschen anzusprechen?"

„Sie sehen sehr nachdenklich aus. Wie ich Ihnen bereits gesagt habe, habe ich die Aufgabe, Menschen auf ihrem Weg zu unterstützen. Ich persönlich habe nichts davon, ob sie nun meine Worte annehmen oder auch nicht. Ich will auch keine Macht ausüben oder Menschen in eine Abhängigkeit zu mir bringen. Noch verlange ich Geld oder sonst etwas. Das ist nun für Ihren Verstand schwer zu verstehen. Sie haben bisher nur Menschen kennengelernt, die immer auf einen Vorteil aus waren. Entweder ging es dabei um Geld, Anerkennung, Macht oder etwas Ähnliches." „Und wer hat Ihnen den Auftrag erteilt, Menschen wie mich anzusprechen?", fragte Tom. „Sie können Fragen stellen! Die Antwort werden Sie in Santiago erfahren. Es sei denn, sie kommen vorher selbst darauf. Nun, ich möchte Ihnen etwas zum Leben auf dieser Welt erzählen. Das wird, soweit Sie mir Glauben schenken, einige Ihrer Fragen klären, Sie haben doch Zeit?" „Ja, natürlich", antwortete Tom. Er war sehr neugierig darauf, was der Unbekannte noch zu erzählen hatte.

„Beginnen wir mit Ihrer Geburt. Sie wurden in ein Leben geboren, in dem eine Mutter und ein Vater sich entschlossen haben, Eltern zu werden. Von diesem Entschluss gibt es auch Ausnahmen, jedoch kann ich in ihrem Fall von einer normalen Situation ausgehen. Genau genommen sind auch ihre Eltern genauso wenig von dieser Welt wie alle anderen Menschen. Leider wissen aber fast alle Eltern nichts mehr über die geistige Welt, aus der sie kommen. Und diese Eltern haben von ihren Eltern in diesem Zusammenhang auch nichts auf ihren Lebensweg mitbekommen. So werden die Kinder in einer großen Unwissenheit aufgezogen. Sie mögen hin und wieder erahnen, dass sie nicht von dieser Welt sind, aber irgendwann verstummt auch diese Empfindung. Erschwerend kommt noch hinzu, dass die Menschen in unseren Breitengraden scheinbar alle nach demselben Prinzip funktionieren. Dem Verstand wird hierbei die absolute Macht über das Leben gegeben. Somit wird in der Folge von den Menschen diese gegenständliche Welt als das einzig Reale akzeptiert. Denn alles, was der Mensch sieht existiert somit. Und was nicht zu sehen ist, wird für den menschlichen Verstand unverständlich sein und bleiben. Zusätzlich werden die Kinder darauf hingewiesen nicht so viel zu träumen (Tagträume), so dass diese mächtige Kraft somit immer mehr verkümmert. Letztlich wird der Mensch immer hilfloser, besonders dann, wenn ihm sein Verstand in vielen Lebenssituationen nicht mehr helfen kann. In Ihnen und mir ist bereits ein göttlicher Kern vorhanden. Das war bei Jesus und Maria und ist bei den heutigen Menschen nicht anders. Das bezeichnet man als Selbst. Einen Gedanken, der aus dem Selbst entspringt, bezeichnet man als Intuition. Und nun befinden Sie sich zurzeit wieder in einer kindlichen Ausgangsbasis, in der die Ahnung aufgekommen ist, nicht von dieser Welt zu sein. Die Lösung liegt jetzt darin, die Verstandesebene nach und nach zu verlassen und den Weg zu sich selbst zu gehen. Das geschieht durch die Stille bzw. Meditation. Und mit der Ihnen bekannten Übung haben Sie die Möglichkeit erhalten, diesen Weg zu beschreiten. Sie können wie alle Menschen diese Welt auch über ihr Herz verstehen lernen."

„Das hört sich ja alles interessant an. Aber woher soll ich denn wissen, dass alles was sie mir erzählt haben auch der Wahrheit entspricht?" „In dem Sie es selbst überprüfen. Und da Sie nun bereits Übung in der Meditation haben, erhalten sie von mir noch einen kleinen weiteren Zusatzschritt. Letztendlich ist das der Hauptgrund, warum wir uns heute nochmals getroffen haben. Sie werden die Möglichkeit erhalten, selbst Fragen zu stellen. Aber Ihr Verstand wird Ihnen diese nicht beantworten. Somit können Sie, wenn Sie wollen, selbst überprüfen wer oder was Sie sind. Wollen Sie hier vorne nochmals Platz nehmen, damit Sie den nächsten Schritt der Übung erfahren?" „Ja, gerne", antwortete Tom. Er setzte sich in den Innenhof, der vom Kreuzgang umschlossen war. „Ich wiederhole nochmals die einzelnen Schritte, die Sie bereits kennen."

„Beginnen Sie also wieder mit der Beobachtung Ihres Atems."

Atmen Sie ruhig oder atmen Sie zurzeit schnell? Wichtig ist es, dass Sie zur Ruhe kommen. Und Sie sollten die Meditationsübung erst beginnen, wenn Sie ganz ruhig atmen.

Ihre Füße haben direkten Kontakt mit der Erde bzw. dem Boden. Ihr Rücken sollte gerade aufgerichtet sein und Ihre Hände liegen nach oben geöffnet auf Ihren Oberschenkeln.

Und nun schließen Sie die Augen. Gehen Sie im Bewusstsein von Ihren Augen zum Anfang Ihrer Wirbelsäule. Von dort gehen Sie jeden einzelnen Wirbel Ihrer Wirbelsäule langsam herunter, bis Sie das Ende erreicht haben. Lassen Sie sich für diesen Weg Zeit und gehen Sie achtsam diesen Weg. Wenn Sie dort angekommen sind, dann lassen Sie sich mit Ihrem Bewusstsein in Ihr Hüftbecken fallen. Und dort bleiben Sie.

Was empfinden Sie? Nehmen Sie alle Eindrücke wahr, ohne Wertung. Hier können Sie SEIN. Sie müssen nichts erreichen oder tun. Sie sind einfach nur. Vielleicht steigen wieder einige Gedanken in Ihnen auf. Nehmen Sie diese und setzen Sie sie in Ihrer Vorstellung auf eine Wolke. Und senden Sie die Wolke in Ihrer Vorstellung weg.

Und nach einiger Zeit gehen Sie mit Ihrem Bewusstsein von Ihrem Becken zu Ihrem Herz. Stellen Sie sich nun vor, dass Sie sich in Ihrem Herzen befinden. Und hier können Sie nun ihre Frage zu Ihrer Lebensaufgabe, zu Lebenssituationen oder zu den für Sie wirklich wichtigen Dingen im Leben stellen.

Wenn es an der Zeit ist, werden Sie mehr erfahren. Erwarten Sie nichts. Ihre innere Weisheit wird den Zeitpunkt selbst festlegen, wann Sie zu Ihnen spricht. Das kann über Worte, Bilder oder auch Träume geschehen.

Tom war in seinem Herz angekommen. Es war wirklich nur ein ganz kleiner Schritt gewesen, den er in seiner Vorstellung gegangen war. Nach einiger Zeit hörte er wieder die Stimme des Unbekannten.

Den Rückweg beginnen Sie von Ihrem Herzen aus, zum Becken und dort wieder zum Steißbein. Von dort gehen Sie achtsam in Ihrem Tempo die Wirbelsäule, Wirbel um Wirbel, wieder hinauf. Am Anfang der Wirbelsäule angelangt gehen Sie mit Ihrem Bewusstsein wieder zu Ihren Augen und öffnen Sie diese. Und nun danken Sie, ob Sie etwas erlebt haben oder auch nicht. Wichtig ist, dass Sie danken und zwar dem, den Sie als das Höchste im Universum ansehen.

Tom öffnete wieder die Augen. Und zu seiner Überraschung war Georg noch da. „Sie sehen wieder mal sehr überrascht aus. Sie haben nicht gedacht, dass ich noch hier bin wenn sie die Übung beendet haben. Bevor ich Sie gleich wieder Ihrer Pilgerschaft überlasse, noch einige wenige Worte. Ob Sie mir nun glauben wollen oder auch nicht, es bleibt Ihr freier Wille, diesen bereits begonnenen Weg weiter zu gehen. Bewegen Sie meine Worte und Erklärungen in sich. Sie werden noch viel mehr erfahren, soweit Sie sich nicht selbst unnötig Grenzen setzen." „Vielen Dank," sagte Tom. "Wollen Sie mir nun nicht auch Ihren Namen verraten?" „Den können Sie gerne erfahren, mein Name ist Georg, und diesen Namen lege ich wieder ab wenn meine Reise und Aufgabe hier beendet sein wird. Wie Sie sehen, ist auf dieser Welt vieles vergänglich. Was aber nach Ihrem

Tod bleiben wird, das werden Sie selbst sein. Vorausgesetzt, Sie gehen den von Ihnen begonnenen Weg weiter. Und wie ich Ihnen bereits schon einmal gesagt habe, den Weg, den ich meine, ist nicht der Weg nach Santiago. Und nun wünsche ich Ihnen alles Gute auf Ihrem weiteren Weg." Danach verschwand Georg recht schnell wieder in der weitläufigen Kathedrale.

Was war das nun für ein eigenartiger Mensch gewesen, dachte Tom. Er fand es schon interessant, viele unterschiedliche Menschen als zeitweise Wegbegleiter zu treffen. Und bisher waren alle selbst auf ihrer ganz persönlichen Suche gewesen. Doch der Unbekannte hatte diese Suche scheinbar bereits abgeschlossen. Er kannte den Weg zu sich selbst und somit zu Gott. Jedenfalls, wenn er Gerorgs Worten Glauben schenken wollte. War es ein Zufall gewesen diesen Menschen kennenzulernen, um diese Meditationsübung zu erfahren? Wenn es kein Zufall war, dann war es für ihn so etwas wie eine Bestimmung gewesen diesen Mann getroffen zu haben. Dieser Georg hätte sich zusätzlich ja auch mit anderen Pilgern beschäftigen können. Er war aber nur zu ihm, Tom, gekommen. Und woher wusste er, dass er heute in die Kathedrale von Leon sein würde? Das schien ihm alles ziemlich mysteriös zu sein. Die Worte von Georg sollten ihn noch einige Zeit beschäftigen. Auch die Ergänzung zu der bisherigen Meditationsübung wollte Tom am Abend aufschreiben und nochmals durchführen.

Er ging vom Kreuzgang in die Kathedrale zurück und setzte sich dort auf eine der hinteren Bänke. Eine Reisegruppe war gerade in die Kathedrale gekommen. Einige der Touristen fotografierten, andere wiederum erzählten sich etwas lautstark und zu guter Letzt klingelte auch noch ein Handy. Ob das auch Menschen waren, die sich auf einer Suche nach sich selbst befanden, fragte er sich in Gedanken. Für heute jedenfalls wollte er nur noch seine Ruhe haben.

Aus diesem Grund verließ er die Kathedrale und suchte einen in der Nähe liegenden Park auf. Er genoss die weitgehende Stille in den sehr schön angelegten Gartenbereichen. Den restlichen Tag blieb er in der Stadt und suchte sich eine Übernachtungsmöglichkeit.

Etappe von Villar de Mazarife nach Astorga
(5 Gespräch)

Tom hatte an diesem Morgen gerade eine kleine Brücke überquert, als er auf einen weiteren Pilger traf, der allein unterwegs war. Er war gerade dabei, an einigen Blüten eines Obstbaumes zu riechen, als er ihn mit einem „Guten Morgen" begrüßte. „Guten Morgen", antwortete der Mann. Scheinbar handelte es sich auch um einen weiteren deutschen Pilger. „Sie sollten auch einmal den Geruch dieser Blüten wahrnehmen. Es ist ein fantastischer Geruch, probieren Sie mal". Und schon wurde ihm ein Blütenzweig unter die Nase gehalten. Tom konnte gar nicht anders, als das Angebot anzunehmen. "Na, was sagen Sie?" „Oh, Sie haben Recht. Nur fehlen mir die Worte, um diesen Duft beschreiben zu können. Er ist süßlich und gleichzeitig auch etwas säuerlich. Was ist denn das für ein Baum?" „Das kann ich Ihnen auch nicht sagen, jedoch ist es für mich auch nicht so wichtig welchen botanischen Namen man ihm gegeben hat. Die Wahrnehmung der Welt ist wichtig. Und das fängt für mich nicht bei Blumen oder Bäumen an, sondern noch viel früher. Wenn Sie diese Wiese betrachten und genau hinsehen, dann werden Sie auf einer Fläche von wenigen Zentimetern eine ganze Reihe unterschiedlicher Gräser und Kräuter entdecken". Bisher hatte Tom sich darüber nie Gedanken gemacht. Aber der Pilger hatte schon Recht. Als Kind war die Wahrnehmung bei ihm auch anders gewesen. Da war er noch neugierig auf die Welt gewesen und ging auf Entdeckungsreise. Doch irgendwann hatte er diese Art von Wahrnehmung verloren. Die spielerische Leichtigkeit des Lebens war verschwunden.

Tom fand den Mann sehr interessant. Er hob sich wie einige der Menschen, die er bereits kennengelernt hatte, durch seine Worte und durch seine Erscheinung ab. „Haben Sie Lust mich einen Teil der Strecke nach Astorga zu begleiten? Sie wollen doch auch dorthin?" „Ja, selbstverständlich gerne. Übrigens, mein Name ist Tom." „Und meiner Sebastian." So wanderten sie eine gute Stunde. So erfuhr er einiges aus dem Leben von Sebastian, aber darüber hinaus auch etwas zu seinen Vorstellungen und Meinungen, die er im Laufe seines Lebens als wahr erkannt und für sich so angenommen hatte. Für eine Pause setzten sie sich auf eine Bank, die auf einer kleinen Anhöhe stand. Beide hatten genügend Proviant in ihren Rucksäcken, um ein gutes Mittagsmahl gewährleisten zu können. Nachdem sie etwas gegessen und getrunken hatten sagte Tom: „Die vielen Pilger, die ich auf meiner Wanderschaft bisher getroffen habe, hatten nach meinem Eindruck alle einen starken Glauben. Den Glauben, auf diesem Weg richtig zu sein und auch am Ende im besten Fall eine Gotteserfahrung zu haben. Wie verhält es sich bei Dir? Glaubst Du, das was du suchst, auch zu finden?" Sebastian war recht erstaunt. So eine Frage hatte ihm bisher noch niemand in seinem Leben gestellt. „Weißt Du, ich befinde mich nicht mehr auf der Suche, auch wenn ich diesen Weg nach Santiago gehe. Ich bin bereits vom Glauben zum Wissen gekommen. Die Menschheit kannst Du in zwei Bereiche unterteilen. Also in Menschen, die an etwas glauben, an einen Gott, wie immer er auch in den verschiedenen Religionen bezeichnet werden mag, und in Menschen, die das Leben als Zufall abtun, also keinen religiösen Glauben besitzen. Und die sogenannten gläubigen Menschen bleiben oftmals bei ihrem Glauben stehen. Also sie gehen somit nicht einen weiteren, den nächsten Schritt auf Gott zu. Es mag auch Angst sein, die Menschen vor diesem Schritt abhält. Die Ängste können vielfältig sein. Zum Beispiel, nicht gut genug zu sein, um Gott begegnen zu können oder nicht angenommen zu werden, weil man meint, ein zu großer Sünder zu sein oder in der Vergangenheit bereits einmal war. Es kann auch sein, dass der Gläubige der Meinung ist, dass dieser Weg nur Priestern vorbehalten ist. Im christlichen Glauben kann das auch noch von Vorteil sein. Denn allein der rechte Glauben soll ausreichen, um beim Jüngsten Gericht errettet zu werden. Scheinbar ist es von den christlichen Kirchen auch nicht erwünscht, vom Glauben zum Wissen zu kommen. Denn das würde natürlich auch eine Gefahr für deren Erhalt bedeuten. Stell Dir vor, dass Du einer Kirche angehörst und Du erklärst einem Priester oder anderen Kirchenoberen, eine Gotteserfahrung gehabt zu haben. Dann werden sie in den meisten Fällen erst einmal skeptisch sein. Denn müssten sie solch einer Erfahrung nicht viel näher sein, da sie ja bereits von Berufswegen religiös sind? Und wenn Du dann auch noch mit Gott gesprochen haben willst, wird das einen großen Unmut und ein großes Unverständnis hervorrufen. Damit würde solch eine Institution auch ihre Macht und ihren Einfluss verlieren. Derartige Dialoge sollten also am besten nur den Kirchenvertretern gestattet sein. Besonders wenn Deine Antworten, die Dir gesagt wurden, mit den Auslegungen der jeweiligen Kirche nicht übereinstimmen. Aus diesem Grund möchte man auch keine lebenden Heiligen. Nach dem Tod verhält sich es aber anders, wobei es menschlicher Unsinn ist, jemanden nachträglich heiligzusprechen. Denn die Beurteilung Deines Lebens wird an entsprechender Stelle vorgenommen." „Kannst Du denn mit Gott sprechen?" „Ja, Tom, das kann ich. Nur ich muss es keinem Menschen beweisen. Und ich muss es auch nicht zur Schau tragen. Es ist mein ganz persönliches Verhältnis zu Gott. Ich erzähle es Dir nur, weil Du mir diese nicht alltägliche Frage gestellt hast. Es geht auch nicht um Anerkennung oder Ruhm anderen Menschen oder Dir gegenüber. Die meisten Menschen würden mich sowieso, wenn sie es wüssten, als religiöser Spinner abtun. Siehst Du mich als einen religiösen Spinner an?" „Nein, das nicht. Nur bist Du der erste Mensch, der mir von so einer Möglichkeit erzählt. Und wenn Gott Dir sagen würde, Du sollst in den Krieg ziehen, was würdest Du tun?" „Nichts, denn Gott liebt die Menschen und fordert nie dazu auf, einen anderen zu töten. Auf der Glaubensebene fühlen sich Menschen leider immer wieder dazu berufen. Glaube ohne Liebe macht oft fanatisch. Aber wenn aus dem Glauben einmal Wissen geworden ist, dann wäre es doch Irrsinn, seine eigenen Brüder und Schwestern zu töten. Und das nur, weil sie vielleicht einen anderen Glauben oder ein anderes Leben leben als man selbst. Übrigens gibt es nur einen Schöpfer bzw. Gott für diese gesamte Erde und alle Lebewesen einschließlich der Menschen. Auch wenn die Religionen immer den Anspruch haben, den einzig richtigen Glaubensweg zu kennen und den Menschen diesen vorgeben." „Aber wie und wo hast Du denn Deinen Glauben bestätigt bekommen?" „Bei mir war es während einer Meditationsübung. Ich kenne jedoch auch einen Menschen, der auf einer Bank im Park plötzlich die Empfindung hatte, der Schöpfung ganz nah zu sein. Er hatte die Empfindung, eins zu sein mit der Welt und somit mit Gott. Solch eine Erfahrung mit Worten zu beschreiben ist sehr schwierig. Es ist auch kaum möglich, dies über den Verstand zu erklären oder zu beschreiben. Worte reichen für die Beschreibung einer solchen Erfahrung nicht aus. Tom, nimm es einfach mal so hin, dass so etwas möglich ist. Nur werden die wenigsten Menschen darüber sprechen. In dieser Welt, in der der Verstand und materielle Werte so große Rollen im Menschenleben spielen, ist für Gott kein Platz." „Glaubst Du denn, dass jeder Mensch so eine Möglichkeit erhält?" „Also, grundsätzlich unterscheiden sich die Menschen nicht voneinander, jedenfalls von ihrer Herkunft aus gesehen. Jeder Mensch hat diese göttliche Verbindung in sich. Nur, ob er diese Verbindung herstellen will oder sich ihrer bewusst wird, das ist ihm überlassen. Und hinzu kommt auch noch die göttliche Gnade, wobei diese kein Mensch beeinflussen kann. Der Mensch bekommt sie wenn es an der Zeit ist. Und den Zeitpunkt legt Gott fest. Was jeder Mensch tun kann, ist, sich darum zu bemühen und um Erkenntnis zu bitten. Jetzt hast Du von mir davon gehört. Ist das ein Zufall, dass wir uns getroffen haben? Was meinst Du, Tom?" „Nach meinen Erlebnissen auf dieser Reise glaube ich nicht mehr an Zufälle. Und auch unsere Treffen würde ich nicht als Zufall abtun." „Menschen, die keine Erklärungen für etwas haben, benutzen den Begriff Zufall gerne. Aber zwangsläufig ziehst Du auch die Personen an, die Dir auf Deiner Reise durch Dein Leben weiterhelfen können. Und darum haben wir uns getroffen. Bezeichnen wir es mal eine göttliche Fügung. Was Du jedenfalls aus unserem Treffen für Dein weiteres Leben mitnimmst, das bleibt Dir überlassen. Einen Teil des Weges, oder besser gesagt den Letzen Teil, muss jeder Mensch alleine gehen. Also ohne eine menschliche Unterstützung. Auf geistiger Ebene jedoch gibt es eine Vielzahl von Helfern, nur nehmen die Menschen diese oft nicht wahr."

„So, Tom. Nun trennen sich unsere Wege. Du hast für heute genügend Wissen vermittelt bekommen. Bewege unser Gespräch nochmals in Dir während Deiner weiteren Wanderschaft. Setze Dich nicht so unter Druck, um schnelle Ergebnisse zu erzielen. Alles braucht seine Zeit. Der Weg ist eher leicht als schwer, nur die Menschen machen alles so kompliziert. Alles Gute, Tom." Damit verabschiedeten sich die beiden voneinander. Tom ging den Rest des Weges allein mit sich und seinen Gedanken nach Astorga.

Etappe von Villafranca del Bierzo nach O Cebreiro
(6 Gespräch)

Mit jedem Tag seiner Pilgerschaft kam er Santiago näher. Und auch mit dem Wetter hatte Tom bisher viel Glück gehabt. Nur an wenigen Tagen hatte es während seiner Pilgerschaft wirklich stark geregnet. Denn durch die Nähe zum Meer veränderten sich die Wetterverhältnisse recht schnell. So war es immer ein guter Mix von Sonnenschein und Regen gewesen, der ihn begleitet hatte. Das gehörte selbstverständlich zu solch einer langen Wanderung durch die spanische Landschaft mit dazu. Auch heute Morgen war er bereits seit 7.30 Uhr unterwegs. Er war in Begleitung einer etwa 50jährigen Lehrerin aus Hamburg, die zur gleichen Zeit die Herberge verlassen hatte. Da er in den letzten Tagen meist allein unterwegs war, fand er die Abwechslung, wieder mit einer Pilgerin zu wandern, recht gut. Etwa zwei Stunden später, nachdem sie Villafranca del Bierzo verlassen hatten, legten sie nach Überquerung einer kleinen Brücke die erste Rast ein. Gemeinsam setzten sie sich ans Ufer und ließen sich die Füße vom Wasser des kleinen Flusses kühlen. Tom schaute etwas nachdenklich dem Lauf des Flusses hinterher und sagte zu seiner Wegbegleiterin: „Hanna, so ein Verlauf des Flusses spiegelt auch den Verlauf eines Menschenlebens wieder. Es gibt immer Höhen und Tiefen, die zu überwinden sind, dann kommen Ruhephasen und irgendwann einmal geht es wie am Anfang weiter, bis alles in einem großen See oder Meer endet." „Du hast Recht, das ist ein recht guter Vergleich zum eigenen Leben. Nur bestimmt der Mensch durch sein Verhalten auch selbst seinen Lebensweg. Und es ist nicht alles immer Schicksal, bestimmte Dinge im Leben zu erleben. Vor vielen Jahren hat ein weiser Mensch mir die folgenden Worte gesagt: Wie wir glauben, so denken wir. Wie wir denken, so handeln wir. Und wie wir handeln, so ergeht es uns."

„Das Leben wird somit durch den menschlichen Verstand bestimmt. Denn um etwas zu glauben, wird Dein Verstand immer Beweise fordern. Doch zuvor noch etwas Grundsätzliches. Ein Hauptproblem liegt für viele Menschen darin, in ihren Gedanken und somit in ihrem Glauben gefangen zu sein. Sie haben sich im Leben, teilweise aufgrund ihrer gemachten Erfahrungen oder ihrer Umwelt, verschiedene Glaubensmuster festgelegt. Nehmen wir zum Beispiel mal einen Menschen, der eine schlechte Kindheit erlebt hat. Die Eltern haben sich wenig um ihn in den Kinderjahren gekümmert und zusätzlich wurde er auch noch oft geschlagen. Somit hat der besagte Mensch nur eine Seite der Medaille kennengelernt. Ebenso kann ein anderer Mensch gegenteilige Erfahrungen in einem freundlichen Elternhaus gemacht haben. Der Verstand bewertet diese Erfahrungen als gut oder schlecht. Hierin besteht dann die Gefahr, die andere Seite der Medaille nicht mehr sehen zu wollen oder zu können. Somit können alle gemachten Erfahrungen dazu führen, in seiner Glaubensvorstellung die Welt und die Menschen sehr einseitig zu beurteilen. Und daraus resultiert das Denken des jeweiligen Menschen. Beide möglichen Erfahrungen sind natürlich auch mit Gefühlen und Empfindungen verbunden. Diese gemachten Gefühle und Empfindungen sind für den Verstand nicht wichtig. Jedoch für das eigene Verständnis des Erlebten spielen sie eine große Rolle."

„Und diese Glaubenssätze, die ein Mensch in seinem Leben annimmt, bestimmen nun das Denken. Wenn also die Eltern ihrem Kind gesagt haben, Du bist dumm und unbegabt, Du wirst im Leben nichts erreichen, dann entwickelt es ein Minderwertigkeitsgefühl. Und dieses Minderwertigkeitsgefühl hat im späteren Leben eine Auswirkung auf alle Lebensbereiche des Menschen. Denn dieses Denken wird immer mit den eigenen Glaubenssätzen einhergehen. Das Kind wird sich im Leben nicht viel zutrauen und auch große Angst vor Fehlern haben. Somit wird auch das eigenständige Handeln im Leben eine große Schwierigkeit darstellen." „Müsste nicht jeder Mensch auch einmal in seinem Leben selbst hinterfragen welche Eigenschaften und Möglichkeiten er hat?" „Das schon, Tom. Nur wird ein Mensch es bei solch einer geschilderten Ausgangsbasis sehr schwer haben, auf diese Idee zu kommen. Letztlich hat jeder Mensch auch die Verantwortung für sein eigenes Leben. Ob ihm das jemals auch bewusst wird, ist eine andere Frage. Aber nun noch mal zurück zum Glauben, der mit Gott in Verbindung steht. Es gibt besonders in unserem Land Menschen, die hauptsächlich über ihren Verstand leben. Und manche von Ihnen haben auch einen Glauben an Gott. Dieser Glauben hat aber in aller Regel nichts mit eigenen Erfahrungen zu tun. Denn hätte der Mensch in diesem Zusammenhang eigene Erfahrungen gemacht, dann wäre aus dem Glauben bereits Wissen geworden. Am besten kann das jeder Mensch selbst feststellen. Auch Du. Wenn Du eine, nennen wir es mal göttliche, Erfahrung gemacht hast, dann müsstest Du auch bereit sein einen Eid darauf abzulegen, dass es Gott wirklich gibt. Wichtig hierbei ist die Ehrlichkeit Dir selbst gegenüber. Einem anderen Menschen muss man in diesem Zusammenhang nichts beweisen. Auch mir musst Du diese Frage nicht beantworten. Kannst Du aus bestem Wissen und Gewissen einen Eid ablegen, dass es Gott gibt, dann bist Du beim „Wissen" angekommen." Im nächsten Ort verabschiedeten sich die beiden voneinander. Tom wollte heute noch O Cebreiro erreichen. Ihn beschäftigte das geführte Gespräch mit Hanna noch eine ganze Weile. Das Angebot, mit einem anderen Pilger das restliche Stück des Weges gemeinsam zu gehen, lehnte er diesmal ab. Er zog es vor, den Rest des Tages alleine zu sein. Während seiner Pilgerschaft hatte er eine ganze Reihe von Menschen getroffen. Einige der geführten Gespräche stellten sich im Nachhinein eher als recht belanglos für ihn dar, andere wiederum hatten eine gewisse Wichtigkeit für ihn bekommen. Besonders, weil sie mit ihm selbst zu tun hatten. Denn je mehr er sich selbst reflektieren konnte, umso mehr hatte er immer wieder Wahrheiten und Erkenntnisse in diesen Gesprächen finden können. Und es waren Wahrheiten, die von ganz normalen Menschen manchmal sogar beiläufig erzählt wurden. Sobald er in Santiago angekommen war, wollte er - soweit er es nicht bereits getan hatte - seine geführten Gespräche weiter aufschreiben. Vielleicht konnte er später einmal anderen Menschen von seinen Erlebnissen und Gesprächen berichten. Er überlegte. Solange der Verstand des Menschen vorherrscht, wird es wohl beim Glauben bleiben. Das würde aber auch bedeuten, dass es ohne ein Erlebnis oder eine Gotteserfahrung sehr schwierig sein dürfte, vom Glauben zum Wissen zu kommen. Und wenn nun der Stand des Wissens erreicht war, müsste das zwangsläufig auch mit einer Veränderung der eigenen Glaubenssätze einhergehen. Jedenfalls dann, wenn der Mensch es zuließ. Aber an welchen Punkt befand er sich gerade? Wenn er ehrlich zu sich war, war er noch im Bereich des Glaubens. Auch wenn es seit dem Beginn seiner Reise zu einer Veränderung seiner Glaubenssätze gekommen war. Er war sich mittlerweile sicher, dass es etwas geben musste, was als Gott oder Schöpfer bezeichnet werden konnte. Denn konnten so viele Menschen irren? Oftmals waren sie sehr begeistert gewesen, auf diesem Weg zu sein und über ihren Glauben sprechen zu können. Sicherlich gab es unter den Pilgern auch verschiedene Sichtweisen, die aber eher auf deren eigene Glaubenssätze zurückzuführen waren.

Etappe von Santa Irene nach Santiago de Compostela (7 Gespräch)

Heute war die letzte Etappe für Tom angebrochen. Hinter ihm lagen viele Kilometer Wegstrecke, die er recht gut bewältigt hatte. Die zahlreichen Gespräche mit den verschiedenen Menschen, die er auf seiner Reise kennengelernt hatte, hatten dazu geführt, dass er sich und sein Leben neu betrachtete. Und in diesem Zusammenhang hatte er sein gesamtes bisheriges Leben infrage gestellt. Er hatte die Empfindung, dass es einen Wandel gab in seinem Leben und Erleben. Scheinbar befand er sich nicht nur auf dem Weg nach Santiago, sondern auch auf dem Weg zu sich selbst. Hier hatte Georg wohl recht gehabt, als er das bereits angedeutet hatte. Ihm wurde plötzlich eines ganz klar. Es gab verschiedene Wege, um zu sich selbst bzw. zu Gott zu kommen. Jedenfalls hatte er dies indirekt von seinen Gesprächspartnern erfahren.

Der erste Weg, den er kennengelernt hatte, war der von Georg. Er ging über die Stille und die Kontaktaufnahme zu sich selbst und somit zu Gott. Es war der Weg des Herzens. Der Verstand spielte hierbei keine Rolle. Abgesehen davon, dass er sich in Form von Gedanken während der Meditationsübungen immer wieder meldete.

Der zweite Weg war der Weg des Denkens. Er ging vom Glauben aus und wurde bestenfalls zum Wissen. Jedoch spielte der Verstand hierbei eine wichtige Rolle. Es war somit ein Weg, der dem Verstand Nahrung bot. Also viele Erlebnisse und Erkenntnisse waren notwendig, um zu einem tieferen Verständnis zu kommen. Und es war ein Weg, der nicht unbedingt zum Ziel führen musste. Denn ein Mensch lief hierbei immer Gefahr, bis an sein Lebensende ein Suchender zu bleiben. Nur in einer Kombination mit dem Weg des Herzens war es wohl möglich, nicht dieser Suchende zu bleiben. Demnach müsste der Weg des Denkens zum Weg des Herzens werden. Somit wäre der erste Weg eine Abkürzung - jedoch nur für die Menschen, die sich sofort bewusst auf die Suche nach sich selbst und somit zu Gott begaben. Am frühen Nachmittag hatte er sein Ziel erreicht. Tom stand direkt auf dem Obradoiro-Platz und sah vor sich die doppelte Treppe, die zu der Grabeskirche des Apostels Jakobus führte. Viele Menschen waren auf dem Platz und in den umliegenden Straßen um den Dom herum unterwegs. Tom empfand die Atmosphäre als sehr hektisch. Er sehnte sich nach einem ruhigeren Ort. Scheinbar waren viele von ihnen die Pilger, die Gott suchten und hofften, ihn im Dom zu finden, abgesehen von wenigen Ausnahmen. Mindestens zwei dieser Ausnahmepilger hatte er auf seinem Weg bereits kennengelernt. Wenn sie hofften, Gott in der Kapelle zu finden, dann suchten sie ihn somit außerhalb von sich selbst. Doch erkannten das die Menschen auch? Tom ging die Linke der Treppen hinauf, um durch das Hauptportal in das Innere der Kirche zu gelangen. Dieser Dom vereinte die verschiedenen Baustile vergangener Epochen in seinen Mauern. Im Inneren befand sich ein prächtiger Hauptaltar, der über dem Grab des Apostels errichtet wurde. Dieser Dom war für ihn beeindruckender als alle anderen großen Kirchen, die er auf seine Reise gesehen hatte. Im gotischen Kreuzgang setzte er sich erst einmal auf eine Bank aus Stein.

Tom überlegte: Hatte er denn das, was er gesucht hatte, auch wirklich gefunden? Er hatte sich auf die Suche nach seiner Herkunft oder besser gesagt nach dem Sinn des Lebens gemacht. Während seiner Reise hatte er viele interessante Gespräche mit anderen Pilgern geführt und gleichzeitig etwas über deren Sichtweisen erfahren. Zusätzlich hatte er Menschen gefunden, die ihre Suche nach Gott bereits beendet hatten. Andere wiederum waren auf dem Weg dahin. Und auch die letzte Frage an Georg kam ihm wieder in den Sinn. „Und wer hat Ihnen den Auftrag erteilt, Menschen wie mich anzusprechen?" Ihm war nun auch die Antwort ganz klar. Georg hatte recht gehabt. Spätestens am Ziel seiner Reise sollte er die Antwort erfahren.

Wie ging es nun für ihn weiter? Erst einmal wollte er sich in einem guten Hotel einquartieren und noch einen weiteren Tag in Santiago verbleiben. Gegen Abend hoffte er, dass die vielen Pilger und Tagestouristen die Stadt verlassen hatten und er dann in aller Ruhe den Dom nochmals aufsuchen konnte. Tom nahm sich vor, seine bereits gesammelten Gespräche weiter zu ergänzen und diese als Buch an andere Menschen weiterzugeben. Und dieses Resultat halten Sie nun in Ihren Händen.

Nachwort

Die Erlebnisse, oder besser gesagt einige der Gespräche, die Tom auf seiner Reise mit fremden Menschen geführt hat, sollen Ihnen einen kleinen Eindruck geben. Wovon? Von individuellen Fragen, die sich jeder Mensch in seinem Leben einmal stellt. Einige Menschen gehen diesen Fragen nach, andere entscheiden sich dagegen. Antworten kann man aber nur suchen und finden wenn man auch Fragen stellt. Und Sie sind nun eingeladen, sich auf Ihre ganz persönliche Reise zu begeben. Hierzu haben Sie mit dem Buch einen Schlüssel erhalten, den Schlüssel zu sich selbst. Wenn Sie diesen Schlüssel benutzen wollen, benötigen Sie Ihre Willenskraft, eine gewisse Ausdauer und natürlich Zeit. Und dazu wünsche ich Ihnen viel Erfolg.

Peter Wandler

Weitere Bücher von Peter Wandler

Luisa und das alte Buch ihres Großvaters

Luisa findet auf dem Dachboden ein altes Buch. Hierin befindet sich eine Nachricht ihres verstobenen Großvaters. Sie beginnt in diesem alten Buch zu lesen und erfährt etwas über die Möglichkeiten der Menschen, ihr Leben bewusster wahrzunehmen.

Ein Lehrling auf seiner Reise durch die Welt

Tim beginnt eine Reise, dessen Ziel er nicht kennt. Von einem weisen Lehrmeister (Lebensmeister) hat er gelernt, auf seine innere Stimme zu hören. Auf der ersten Reiseetappe liest er einen persönlichen Brief von seinem Lebensmeister und bekommt die Aufgabe herauszufinden, was für die Menschen der Sinn des Lebens ist. Zusätzlich soll er den Ursprung aller Dinge und somit der Welt herausfinden. So lässt er sich von seiner inneren Stimme leiten und lernt Städte, Menschen und ihre unterschiedlichen Lebensansichten kennen

Gespräche mit einer weisen Frau

Thomas befindet sich zu einer Herzoperation in einem Krankenhaus. Dort hat er ein Erlebnis der anderen Art. Er sieht und bemerkt sich außerhalb seines Körpers. Mit diesem Erlebnis macht er sich auf die Suche eine Erklärung für seine Eindrücke zu finden. Es beginnt ein Weg, der ihn zu sich selbst führen wird.